VICTOR HUGO

JACQUES BILLARDIÈRE

Collection dirigée par
ISABELLE JAN

58, rue Jean-Bleuzen
92170 Vanves

Crédits photographiques : p. 6, dessin de A. Marie / collection Viollet ; p. 11, aquarelle d'Eugène Legenisel, musée Victor-Hugo, ND-Viollet ; p. 14, Harlingue-Viollet ; p. 17, Roger-Viollet ; pp. 19, 27, 31, 38, collection Viollet ; p. 46, Roger-Viollet ; p. 47, haut, Harlingue-Viollet ; p. 47, bas, collection Viollet ; p. 55, musée Victor-Hugo, ND-Viollet ; p. 60, collection Viollet.

Couverture : Agata Miziewicz ; illustration A. de Chatillon, *Victor Hugo et son fils François*, musée Victor-Hugo, Paris, Lauros-Giraudon.

Conception graphique : Agata Miziewicz.

Composition et maquette : Joseph Dorly éditions.

Iconographie : Annie-Claude Medioni.

ISBN : 2-01-020314-3

© HACHETTE LIVRE 1993, 79, boulevard Saint-Germain, F 75006 Paris.

« En application de la loi du 11 mars 1957, il est interdit de reproduire intégralement ou partiellement le présent ouvrage (la présente publication) sans autorisation de l'éditeur ou du Centre français de l'exploitation du droit de copie (6 *bis*, rue Gabriel-Laumain 75010 Paris). »

Sommaire

REPÈRES 5

Chapitre 1 : Être Chateaubriand ou rien 7
Le meilleur de la vie 7
Les Feuillantines 9

Chapitre 2 : L'enfant sublime 10
Caïn et Abel 10
Le vicomte Victor Hugo 12
Le romantisme français 13

Chapitre 3 : Le bonnet rouge au dictionnaire 16
Une jolie fille rose et brune 16
Le roi des poètes 19
De *Cromwell* à *Hernani* 22

Chapitre 4 : Attends que l'heure vienne... 24
Les deux révolutions de 1830 24
Juliette Drouet ou le grand amour 26

Chapitre 5 : Un monsieur aussi sérieux 29
Les années de malheur 29
Vive la République ! 30

Chapitre 6 : S'il n'en reste qu'un je serai celui-là ... 34
Napoléon-le-Petit 34
Un poète en fuite 36
La bouche qui dit « non » 39
Les voix intérieures 41

Chapitre 7 : Le travailleur de la mer 43
Quand la liberté rentrera 43
Presque seul 44
Le roman, force de progrès......................... 48

Chapitre 8 : Les années terribles 51
Le train vers Villequier 51
Cette facilité sinistre de mourir 52
Plus morte que les morts 54

Chapitre 9 : Le combat du jour et de la nuit 56
L'art d'être grand-père 56
Le nom grandit quand l'homme tombe 57
Oh ! Demain, c'est la grande chose 59

MOTS ET EXPRESSIONS 61

NOTE : les mots accompagnés d'un * dans le texte sont expliqués dans « Mots et expressions », en page 61.

Repères

Les Anglais ont Shakespeare et les Italiens Dante, les Allemands ont Goethe et les Espagnols Cervantès ; les Français, eux, ont Victor Hugo.

Victor Hugo a vécu de 1802 à 1885, de la fin de la Révolution* française au début de la IIIe République. Durant le XIXe siècle, la France a connu de nombreux changements politiques — trois rois, deux empereurs, trois républiques, trois révolutions —, mais elle a aussi connu la naissance du chemin de fer, le développement de la ville moderne et de la grande industrie.

Écrivain et poète, Victor Hugo a été aussi un homme d'action. Sa vie est à l'image de ce siècle qui bouge tant. D'abord ami de plusieurs rois, il deviendra socialiste et défendra les plus pauvres. Il s'est battu contre la peine de mort* et la misère, pour l'égalité entre les hommes et les femmes, l'école pour tous, la démocratie*, l'Europe unie et la paix. Opposé à Louis Napoléon Bonaparte, qui était empereur des Français, il a été chassé de France pendant vingt ans.

Dans le même temps, il a écrit une œuvre immense, pleine d'humanité : des centaines de poèmes*, des dizaines de pièces de théâtre et des romans qui sont connus partout dans le monde.

Le cinéma a adapté plusieurs fois *Notre-Dame de Paris* et *les Misérables*. Ce dernier roman est même devenu une comédie musicale internationale.

**Victor Hugo naît à Besançon, le 26 février 1802.
Il a deux frères plus âgés, Abel et Eugène.**

CHAPITRE 1
ÊTRE CHATEAUBRIAND OU RIEN

Le 10 juillet 1816, un jeune garçon de quatorze ans écrit dans son cahier : « Je veux être Chateaubriand ou rien. » Chateaubriand est alors le plus connu des écrivains français, et c'est en plus un homme politique important. Le jeune garçon qui a écrit cela dans la petite chambre de la triste pension [1] où il est élève s'appelle Victor Hugo. Il ne sait pas qu'il deviendra un jour l'un des deux ou trois plus grands écrivains français de tous les temps.

LE MEILLEUR DE LA VIE

Quand Victor Hugo naît, le 26 février 1802 à Besançon, la France connaît un court moment de paix. Napoléon Bonaparte n'est pas encore empereur, mais il est déjà le seul vrai chef du pays. Ses armées sont en Italie, en Espagne, en Hollande et en Belgique.

Le père de Victor, Léopold Hugo, est officier* dans les armées françaises. Il doit beaucoup voyager et fait souvent venir sa femme et ses fils dans la ville où se trouve son armée. C'est donc un peu par hasard que Victor naît à Besançon, près de la Suisse. Il a deux frères plus âgés, Abel, qui a quatre ans, et Eugène qui a deux ans. Bientôt Victor et sa famille iront retrouver Léopold Hugo à Marseille, puis à Naples, en Italie. En 1810, ils partent un an en Espagne, où Léopold Hugo est devenu général. Victor Hugo gardera de ces voyages un souvenir de beaux paysages et de grande

---

1. Pension : école où les enfants étudient et vivent sans rentrer dans leur famille pendant plusieurs semaines.

liberté. «Pourquoi donc Dieu met-il le meilleur de la vie au commencement?» écrira Hugo plus tard, dans *les Voix intérieures*.

Pourtant, à Madrid, en juillet 1811, Victor et ses deux frères sont placés dans une triste école : le collège des Nobles*.

Ses parents ne s'aiment plus depuis quelques années. Léopold Hugo avait rencontré la mère de Victor, Sophie, à Nantes. C'était pendant la Révolution. Ce petit-fils de paysans faisait alors la guerre en Vendée*. Elle était la fille d'une famille bourgeoise* de la ville.

Avec les guerres de la Révolution, Léopold ne voit pas souvent sa famille. Sophie Hugo va alors rencontrer et aimer un autre homme, le général Victor Lahorie, le parrain de Victor.

Chaque fois que Léopold et Sophie se retrouvent, ils se disputent avec violence. Léopold a lui aussi trouvé un autre amour. Maintenant, le général et Mme Hugo se détestent. Ils se séparent une première fois en 1803, alors que Victor n'a qu'un an. Et ils se quittent pour toujours en 1815, après la chute de Napoléon. Les deux plus jeunes enfants restent avec leur mère.

En 1810, à Paris, le général Lahorie est arrêté. Il sera tué en 1812 par les policiers de Napoléon : avec le général Malet et onze autres officiers, il voulait chasser l'Empereur. Mme Hugo va détester Napoléon et devenir très royaliste*. Le général Hugo, lui, va faire la guerre pour l'Empereur jusqu'à la fin. Cette opposition politique entre ses deux parents aura une très grande importance dans la pensée et dans le travail du futur écrivain.

Pourtant, Victor Hugo a toujours dit qu'il avait eu une enfance libre et heureuse. Il n'a jamais parlé de ce qui s'était vraiment passé entre ses parents. Pour lui, son père «était la bonté» et sa mère «l'intelligence».

LES FEUILLANTINES

Mme Hugo élève très sérieusement ses enfants. Au printemps 1808, elle s'installe avec eux dans une maison parisienne, rue des Feuillantines, à côté d'un jardin sauvage. Pour le jeune Victor et son frère Eugène, c'est le paradis. Ils y jouent souvent avec une petite fille qui a un an de moins que Victor, Adèle Foucher.

À leur retour d'Espagne, en 1812, Mme Hugo prend un précepteur [1], le père Larivière, pour ses plus jeunes fils. Ils sont tous les deux très bons élèves. Mme Hugo les laisse lire ce qu'ils veulent dans la bibliothèque de son appartement, même les livres qui sont interdits à l'école. Hugo racontera plus tard qu'il a passé son enfance «à plat ventre [2] dans les livres». Et, à soixante ans, il pourra encore réciter six mille vers* latins.

Mais, en octobre 1815, le général Hugo, qui est en train de se séparer de sa femme, oblige les deux enfants à aller à la pension Cordier, sous la surveillance sévère de sa sœur, leur tante, «la chère Goton». Finis les rêves et la liberté du jardin des Feuillantines. Victor et Eugène écrivent de la poésie, des pièces de théâtre. Cela ne les empêche pas, maintenant qu'ils sont en classe de rhétorique (la classe de première, aujourd'hui), d'apprendre les sciences [3]. Leur père veut qu'ils préparent l'École polytechnique [4]. En fait, ils s'inscriront à la faculté de droit. Mais avant, ils quitteront «la prison» de la pension Cordier et apprendront la philosophie* au lycée Louis-le-Grand, en 1817.

---

1. Précepteur : personne chargée de l'éducation d'un enfant qui ne va pas à l'école.
2. À plat ventre : couché par terre sur le ventre.
3. Sciences : ensemble de connaissances, comme les mathématiques, la physique ou la biologie.
4. Polytechnique : grande école qui prépare au métier d'ingénieur.

CHAPITRE 2

L'ENFANT SUBLIME

Ainsi, pendant toute son enfance, jusqu'en 1819, Victor a vécu avec son frère Eugène. Ils ont vu ensemble les paysages d'Italie et d'Espagne, ils ont rêvé ensemble dans le jardin des Feuillantines, ils ont toujours été dans la même classe. Et, ensemble, ils ont commencé à écrire des poésies*. Ils s'aiment beaucoup, mais, comme toujours chez les enfants, ils sont jaloux [1] l'un de l'autre et cherchent l'admiration de leur mère.

Caïn et Abel

Victor et Eugène écrivent des poésies. Victor a plus de facilités. Eugène parle de choses très tristes, très violentes. Longtemps après, Victor et Adèle se rappelleront que, aux Feuillantines, Eugène avait des attitudes bizarres. Ce qu'ils ne savent pas, c'est qu'Eugène est amoureux d'Adèle.

Peu à peu, Victor devient meilleur élève qu'Eugène. Il reçoit un prix d'encouragement au concours de poésie de l'Académie française* et, le 26 août 1817, un académicien lit en public quelques vers de ce poète* de quinze ans dont le titre est «Bonheur que (donnent les études) dans toutes les situations de la vie». Deux ans plus tard, en 1819, il gagne le premier prix des Jeux floraux de Toulouse, un autre concours de poésie. Chateaubriand lui-même, après avoir lu le poème du jeune Hugo, appellera celui-ci «l'enfant sublime [2]».

---

1. Jaloux : ils ne veulent pas que l'un soit supérieur à l'autre.
2. Sublime : qui est le meilleur, qui mérite l'admiration.

« L'enfant sublime » à dix-sept ans : c'est un adolescent timide et fier.

Plus rien alors n'arrêtera Hugo. Il ne fera pas d'études d'avocat ou d'ingénieur comme le veut son père. Une seule chose compte pour lui : la littérature.

Mais il n'y a pas de place pour deux génies [1] dans la même famille. Eugène, peu à peu, devient fou. En 1818, Biscarrat, leur maître d'études qui leur a appris la poésie, écrit à Victor : « Le pauvre (Eugène) n'a jamais eu sa tête à lui. Mais j'étais loin de penser qu'il tomberait si vite dans la folie. »

En février 1818, la justice déclare la séparation des parents Hugo. Eugène a beaucoup de mal à accepter cela. En plus il apprend que son jeune frère veut se marier avec Adèle. Cinq ans après, en 1823, la nuit du mariage de son frère et de la jeune fille qu'il aime, Eugène deviendra un vrai fou dangereux et sera enfermé à l'hôpital de Charenton, où il mourra quatorze ans plus tard. Victor n'écrira jamais sur la folie de son frère. Mais dans ses poèmes, il parlera souvent de Caïn qui, dans la Bible, tue son frère Abel.

LE VICOMTE VICTOR HUGO

À dix-huit ans, Victor Hugo vit avec sa mère et son frère, Eugène, dans un petit appartement de la rue du Dragon. Il n'a pour seul argent que les huit cents francs par an que lui donne son père. Le général parle de son fils comme d'un « garçon réfléchi, parlant peu, froid, fier, pur jusqu'à la sauvagerie ». Il est « de taille moyenne avec d'épais cheveux noirs », il a « l'air sincère et calme ». Victor Hugo se rappellera ces années difficiles dans son roman *les Misérables*. Il y décrit la vie de Marius, un jeune étudiant pauvre qui « balaie lui-même devant sa porte », qui « se glisse dans la boucherie du coin au milieu des cuisinières » avec des livres sous le bras, « timide et furieux ».

---

1. Génie : personne capable de faire de très grandes choses que ne peuvent pas faire les autres hommes.

Mais la bouchère de la rue du Dragon n'aime pas beaucoup ce jeune homme qui se fait appeler «vicomte Victor Hugo». Sa mère ne leur dit jamais bonjour, son frère est fou. Lui, c'est un étudiant qui n'arrête pas de dire du bien du roi Louis XVIII et beaucoup de mal de la Révolution et de Napoléon. Il ne doit pas aimer le peuple !

Pourtant, Victor Hugo aime le peuple et il l'aimera toujours. Mais, en ce moment, il pense à autre chose. Il veut être comme Chateaubriand, il veut être le plus grand écrivain, mais aussi pair* de France et peut-être même un jour ministre. La bouchère a quand même raison de dire que le jeune homme est un royaliste. C'est même un ultra*.

Dans le journal qu'il écrit depuis décembre 1819 avec quelques amis et son frère Eugène, il attaque les écrivains du siècle passé, surtout Voltaire, et se moque de ceux qui les imitent. Il dit son admiration pour l'écrivain anglais Walter Scott et pour André Chénier, un poète qui a été tué pendant la Révolution, mais dont les livres viennent seulement d'être publiés* : «Une poésie nouvelle vient de naître», écrit-il en parlant de Chénier. Son journal s'appelle *le Conservateur* littéraire*. Le journal de Chateaubriand s'appelle, lui, *le Conservateur*...

LE ROMANTISME FRANÇAIS

Chateaubriand est le dieu de ces jeunes poètes royalistes. Chateaubriand qui, à vingt ans, avait visité l'Amérique ! Pendant presque toute la Révolution française, il a vécu pauvre en Angleterre, puis il a osé s'opposer[1] à Napoléon. Il a voyagé en Orient, jusqu'à Jérusalem. Et aujourd'hui il est pair de France.

---

1. S'opposer : aller contre.

Chateaubriand est le dieu de ces jeunes poètes royalistes.

La vie de cet homme a de quoi faire rêver des jeunes gens enthousiastes dans une France qui s'ennuie, maintenant que les guerres de Napoléon sont terminées et que les armées ennemies sont rentrées chez elles. Dans ses romans *Atala* et *René*, Chateaubriand a inventé une écriture nouvelle. Il décrit la nature sauvage de l'Amérique, les forêts dangereuses, les sentiments forts et douloureux des personnages. On est loin de la Raison* défendue par les écrivains du XVIIIe siècle. Dans *le Génie du christianisme* et *les Martyrs*, deux livres qui parlent de la supériorité [1] du christianisme sur les autres religions, Chateaubriand montre que le Moyen Âge* a été une époque qui a fait de belles choses comme les cathédrales. Au XVIIIe siècle, au contraire, on montrait le Moyen Âge comme une période dure et sauvage.

Chateaubriand a donc mis la nature, le Moyen Âge et l'Orient à la mode, mais aussi le désespoir et les douleurs de la pensée. Il a inventé le romantisme* français. Pour être son égal, Victor Hugo va devenir le chef de ce nouveau mouvement littéraire. Comme Chateaubriand, le jeune Hugo veut mélanger dans sa vie la littérature et la politique. C'est la meilleure manière de devenir riche et célèbre.

À dix-huit ans, Victor Hugo est sans doute un royaliste sincère, comme sa mère le lui a appris. Mais il n'est pas catholique. Ses parents ne lui ont pas donné d'éducation religieuse. Son journal défend pourtant l'Église qui veut, comme les ultras, que tout redevienne comme avant, comme si la Révolution n'avait pas existé. Chateaubriand écrit sur ces ultras : « Ils n'ont rien appris et rien oublié. » Ses admirateurs, dont Victor Hugo, n'osent pas dire des choses comme cela. C'est trop dangereux. Quand en 1820 le jeune poète rencontre pour la première fois Chateaubriand, les deux hommes ne se comprennent pas. Ils sont peut-être aussi un peu jaloux l'un de l'autre...

---

1. Supériorité : être supérieur, c'est être au-dessus. Contraire d'inférieur.

CHAPITRE 3

LE BONNET ROUGE AU DICTIONNAIRE

Le 13 février 1820, le duc de Berry, neveu du roi et fils du futur Charles X, est tué. Victor Hugo écrit une ode sur la mort du duc de Berry qui est récompensée par le roi qui lui donne cinq cents francs. Hugo est le seul de tous ces jeunes poètes à devoir gagner sa vie par l'écriture. Ses amis Lamartine ou Vigny ont un peu plus d'argent. Il continue alors à écrire sur les joies et les peines de la famille royale et va pouvoir gagner un peu mieux sa vie : il reçoit en 1822 un salaire de mille francs par an pour son premier livre de poèmes, puis deux mille francs du ministère de l'Intérieur l'année suivante.

Une jolie fille rose et brune

– Il est quand même bizarre, notre petit vicomte, dit la bouchère à sa voisine. À son âge, et beau comme ça, il ne connaît pas de jeune fille.

Elle se trompe encore. Cela fait des années que le jeune poète aime « une jolie fille rose et brune » qui lui rappelle l'Espagne de son enfance. Il aime Adèle Foucher, la petite fille avec laquelle il jouait aux Feuillantines. Il lui a même promis qu'il ne connaîtrait pas d'autre femme qu'elle.

Mme Hugo ne veut pas de ce mariage. Elle rêve pour son fils d'une femme plus riche et de la noblesse*. Victor n'a pas encore dix-neuf ans : il doit obéir à sa mère.

Le 27 juin 1821, Mme Hugo meurt brusquement. Le chagrin de Victor est immense. Mais en même temps, il ne peut s'empêcher de penser qu'il est maintenant libre d'épouser Adèle. Son père, le général, est d'accord. Il attendra quand même un an avant de se marier, le 12 octobre 1822. Son père ne sera pas aussi raisonnable : vingt-trois jours après la mort de

La belle Adèle Foucher va devenir la femme de Victor Hugo.

Mme Hugo, le général épouse la femme avec qui il vivait depuis de longues années.

L'année de son mariage avec Adèle, Victor Hugo publie, en juin, son premier livre de poésie : *Odes et poésies diverses*. Il y a là un mélange de textes qui parlent de la famille royale, mais aussi des poèmes sur ses souvenirs d'enfance, sur la nature...

Il a déjà écrit, pour son journal, *le Conservateur littéraire*, une nouvelle que personne n'a remarquée : *Bug-Jargal*. L'histoire se passe aux Antilles*. Deux amis, dont l'un est noir et l'autre blanc, vont se battre pendant la Révolution. C'est une histoire pleine de cris, de sang et de révolte, qui paraît bizarre dans ce journal catholique et royaliste.

Grâce à l'argent donné chaque année par le roi, Victor et Adèle vivent maintenant un peu mieux. Ils ont un premier enfant qui mourra au bout de trois mois. Enfin, le 20 juillet 1824, naît la première fille de Victor Hugo, Léopoldine. Il aura encore trois enfants : Charles (1826), François-Victor (1828) et Adèle (1830).

À la naissance de Léopoldine, Victor Hugo a vingt-deux ans et il semble déjà bien installé dans la vie. Il a publié les *Nouvelles Odes*. Il vit dans un bel appartement. Il a arrêté son journal dès 1821 et ne se réunit plus avec les jeunes gens de la Société des bonnes lettres. En 1825, juste après la mort de Louis XVIII, il reçoit la Légion d'honneur*. Le nouveau roi, Charles X, l'invite à son sacre [1] et lui demande d'écrire un grand poème sur cet événement. Après la naissance de son premier garçon, Charles, en 1826, on peut croire que le jeune poète va continuer cette vie tranquille.

Pourtant, déjà, de petites choses inquiètent le pouvoir et les amis de la Société des bonnes lettres. Le

---

1. Sacre : cérémonie religieuse où le roi reçoit sa couronne.

Le général Hugo est devenu très proche de son fils Victor. Il est ici avec son frère et l'aîné de ses fils, Abel.

jeune homme trop sage va se transformer peu à peu en vrai chef d'une bande de poètes aux longs cheveux qui parlent fort et disent du mal des écrivains sérieux de l'Académie française : ce sont les romantiques.

Le roi des poètes

En février 1823, Victor Hugo publie son premier roman, *Han d'Islande*, une autre histoire de sang et de révoltes. À *la Muse française*, le journal où écrit Hugo, on trouve que «l'enfant sublime» va trop loin. *Han d'Islande* est de «mauvais goût».

Un autre poète, ami de Victor Hugo, Alfred de Vigny, l'emmène alors dans une autre société d'écrivains : le Cénacle. Les réunions du Cénacle se passent chez un romancier qui a vingt ans de plus qu'eux, Charles Nodier. Nodier, lui, a dit beaucoup de bien de *Han d'Islande*. Au Cénacle il y a de jeunes écrivains qui n'ont pas encore fait grand-chose, comme cet Alexandre Dumas, grand jeune homme qui dit être noir et dont la famille vient des Antilles. Lui aussi est le fils d'un général de Napoléon, républicain. Alexandre Dumas est toujours accompagné de son ami Gérard de Nerval, au regard si triste. Voici Théophile Gautier avec ses vêtements rouges et ses longs cheveux. Voici Sainte-Beuve, un journaliste du *Globe*, journal libéral*. Enfin voici Vigny qui a déjà écrit son poème épique* *Moïse*, et qui semble porter sur ses épaules tout l'ennui du monde. Parfois, le grand Lamartine vient leur rendre visite. Ses *Méditations poétiques* sont connues et admirées de tous. Chateaubriand est leur dieu, Lamartine est leur roi. Bientôt, en 1828, un beau jeune homme de dix-huit ans, Alfred de Musset, viendra les rejoindre. Puis il y aura la baronne Dudevant, dont ils sont tous plus ou moins amoureux. Elle se fait appeler George Sand, s'habille en homme, fume le cigare et surtout écrit de très beaux romans.

Que veulent-ils donc, ces écrivains qui n'ont pas tous les mêmes opinions politiques, qui sont si différents les uns des autres ? Ils veulent que la littérature devienne libre. Ils veulent que le théâtre, la poésie, le roman fassent rire, pleurer et réfléchir. Ils veulent pouvoir écrire comme on parle tous les jours. Ils veulent mettre, comme l'écrit Théophile Gautier, « le bonnet rouge [1] au dictionnaire ». Ils veulent surtout prendre la place des écrivains « sérieux » qui écrivent encore comme Racine et Voltaire. Ceux qui sont royalistes pensent que cette nouvelle littérature va aider la royauté en retrouvant la force du Moyen Âge. Comme Chateaubriand dans *le Génie du christianisme*, ils

---

1. Bonnet rouge : chapeau que se mettaient les révolutionnaires de 1789.

défendent cette période avec sa religion et ses idées qu'ils imaginent fortes et belles. Les républicains* et les bonapartistes*, eux, pensent qu'après la Révolution rien ne peut plus être comme avant. Il faut tout changer dans la littérature. Mais tous se retrouvent unis dans une même idée : le romantisme.

Victor Hugo, lui, est entre les deux. Il est royaliste, mais, dans certains poèmes, il dit beaucoup de bien de Napoléon et de la Révolution. Il publie toujours des poésies à la gloire du roi Charles X, mais il a aussi refait et publié son *Bug-Jargal*. En même temps, il écrit *Odes et Ballades*, poésies qui ressemblent à celles du Moyen Âge. Il explique à ses amis du Cénacle : « Je cherche la lumière bien plus que je ne l'apporte. »

Au début du mois d'août 1826, Victor Hugo décide de publier toutes les idées des romantiques. Il écrit sa première pièce de théâtre : *Cromwell*. Là encore, c'est un choix bizarre pour un ultra : Cromwell est ce personnage historique qui, au XVIIe siècle, a fait tuer le roi d'Angleterre et a dirigé pendant quelques années une république. Bien sûr, avec *Cromwell*, Hugo veut écrire la « suite » du théâtre de Shakespeare. Mais c'est une histoire dangereuse à raconter avec un roi comme Charles X qui, plus encore que Louis XVIII, ne veut plus entendre parler de révolution, surtout au théâtre.

Car le théâtre, en ce temps-là, est le seul endroit où les Parisiens se mélangent : ouvriers et bourgeois, républicains et royalistes. Les gens du peuple, installés aux places les moins chères, au fond de la salle, tout en haut, n'hésitent pas à crier « bravo » quand le personnage qui joue le roi est tué. Certaines phrases sont comprises comme si elle parlaient du gouvernement actuel. Le théâtre est un endroit politique. Et Hugo le sait bien. Est-ce pour cela que *Cromwell* est impossible à jouer ? La pièce est trop longue, il y a trop de personnages. Elle ne sera jamais jouée au théâtre.

Mais Victor Hugo publie *Cromwell* en livre. Il ajoute une préface qui met par écrit les idées du romantisme. Avec cette préface, Victor Hugo va devenir le vrai chef des romantiques. Maintenant, c'est chez lui et non plus chez Nodier que va se réunir le Cénacle. Le poète du roi est devenu le roi des poètes.

DE CROMWELL À HERNANI

La préface de *Cromwell* n'est déjà plus l'œuvre d'un poète, mais celle du prophète [1] que Hugo deviendra plus tard.

La musique de la phrase sonne haut et fort. Notre jeune homme de vingt-cinq ans chante l'avenir de la littérature, comme le vieil homme chantera, cinquante ans plus tard, l'avenir de l'humanité. Il dit que le drame* romantique doit ressembler à la vie, mais en plus beau, en plus grand. Il crie sa révolte contre les idées petites et étroites de la littérature de son temps. Il demande la liberté d'écrire comme on veut. On peut mêler, comme dans la vie, «le sublime au grotesque [2], l'ombre à la lumière, le corps à l'âme, la bête à l'esprit».

C'est une révolution. Les ultras crient que Hugo est un homme dangereux. Et pourtant, il a toujours leurs idées, il pourrait leur dire : «Bien sûr, j'ai écrit la préface de *Cromwell*, mais regardez, voici les *Odes et Ballades*. C'est gentil et innocent, vous ne trouvez pas ?»

Le 29 janvier 1828, le général Léopold Hugo meurt. Victor s'était beaucoup rapproché de son père depuis son mariage. Chef des romantiques, Hugo est aussi le chef d'une famille de bientôt quatre enfants qu'il doit faire manger. Il écrit *les Orientales*, des poèmes pleins

---

1. Prophète : personne qui, dans la Bible, répète les paroles de Dieu et connaît l'avenir.
2. Grotesque : ridicule ou amusant.

de rêves et d'exotisme qui ressemblent à des chansons. Il y parle de la Grèce, très à la mode depuis que le poète anglais lord Byron est mort là-bas, en 1824, et que Chateaubriand a publié, en 1811, *l'Itinéraire de Paris à Jérusalem*. Voici que Victor Hugo devient un poète à la mode.

« Mais que se passe-t-il ? dit-on dans le palais du roi, ce mois de février 1829. Ce charmant poète, si beau, si élégant, qui nous a fait pleurer avec ses poèmes, vous savez ce qu'il vient d'écrire, juste un mois après *les Orientales ? Le Dernier Jour d'un condamné !* Quel mauvais goût ! »

Eh oui, Victor Hugo se révolte quand la justice tue des gens, même si ce sont des criminels. *Le Dernier Jour d'un condamné* raconte les pensées d'un homme qui aura la tête coupée quelques heures plus tard. C'est le début d'un long combat de Hugo : toute sa vie, il demandera que la justice ne condamne plus à mort les personnes qu'elle juge.

Du 1er au 30 juin, Hugo écrit sa deuxième pièce de théâtre : *Marion Delorme*. Le 14 juillet, le Théâtre-Français* accepte de jouer la pièce. C'est l'histoire d'une jeune femme qui, au XVIIe siècle, au temps de Louis XIII, est aimée des rois et des princes, mais préfère un jeune homme inconnu. Le 13 août, le gouvernement interdit *Marion Delorme*. Charles X n'aime pas que l'on montre au théâtre un roi de France dans une situation ridicule : ça n'est pas bon pour sa propre image !

CHAPITRE 4

ATTENDS QUE L'HEURE VIENNE...

Hugo proteste contre l'interdiction de *Marion Delorme*. N'est-il pas le poète du roi, celui qui a pleuré la mort du fils de Charles X et chanté la naissance de son petit-fils, le comte de Chambord ? Le roi ne l'écoute pas.

Hugo écrit alors une autre pièce de théâtre, *Hernani*. Cette fois, l'histoire se passe en Espagne, au XVIe siècle. Trois hommes sont amoureux d'une même femme, Doña Sol : le voleur Hernani, le vieux noble Ruy Gomez et le roi Charles d'Espagne, le futur empereur Charles Quint. C'est une histoire pleine d'aventures et de personnages. On y dit des choses drôles et tout de suite après des choses graves. Pour la première fois, on voit mourir les personnages sur la scène. *Hernani* est écrit en vers, mais pas comme le voudrait le « bon goût » du temps. Et surtout, la pièce ne respecte pas la règle classique des « trois unités » où il faut une seule action, dans un seul endroit et pendant une seule journée.

La censure* du roi autorise la pièce. Tout Paris veut la voir, surtout pour pouvoir crier et protester contre elle. Les romantiques sont prêts à la défendre comme une armée défend son pays. Hugo donne à ses amis des petits papiers rouges avec lesquels ils pourront entrer dans la salle.

LES DEUX RÉVOLUTIONS DE 1830

Le soir du 25 février 1830, deux vraies armées entrent au Théâtre-Français. D'un côté, des messieurs silencieux, très sérieux, en habit noir : ce sont les classiques*. De l'autre, des jeunes gens aux longs cheveux, habillés de toutes les couleurs et qui parlent très fort. Dès les premiers mots d'*Hernani*, les classiques crient aux acteurs : « C'est une honte, taisez-vous ! » Mais les romantiques répondent en criant « bravo ! », en applaudissant. Plus personne n'écoute, on se bat, on s'insulte. Et quand la pièce s'arrête, toute la salle est debout : les romantiques ont gagné la bataille d'*Hernani*.

Le lendemain, les classiques essaieront de faire interdire la pièce. Mais le roi a des problèmes plus graves à régler : après quelques bonnes années, la France est redevenue pauvre. Il y a des élections* et les libéraux gagnent. Charles X veut organiser tout de suite de nouvelles élections. Il interdit les journaux. Mais les ouvriers du faubourg Saint-Antoine descendent dans la rue les 27, 28 et 29 juillet. Charles X doit partir. Les bourgeois et les députés* ont alors peur que la France redevienne une république. Ils demandent à Louis-Philippe, un cousin de Charles X, de devenir roi, mais avec moins de pouvoir. La rue se calme. Louis-Philippe est devenu roi et dit qu'il va faire une sorte de royauté républicaine.

Au milieu de ses amis poètes républicains et depuis la mort de ses parents, les opinions de Victor Hugo, l'ancien ultra, ont bien changé. Il n'a pas pardonné à Charles X d'avoir interdit *Marion Delorme*. Il est d'accord avec la révolte des trois journées de Juillet. Il pense que Louis-Philippe c'est l'ordre[1] et la liberté en même temps. C'est la meilleure manière, dit-il, d'arriver à la république, doucement, sans violence. Il pense surtout que le plus urgent est de don-

---

1. Ordre : quand tout est bien comme il faut.

ner aux pauvres du travail et du pain. Il l'écrit dans son *Journal d'un révolutionnaire de 1830* qui paraîtra dans *Littérature et philosophie mêlées* en 1834. Dit-il vraiment tout ce qu'il pense ? Dans un poème des *Voix intérieures* (1837), il écrira ce vers :

> Attends que l'heure vienne où tu puisses parler.

Hugo attendra cette heure-là pendant quinze ans encore.

Les deux révolutions, celle d'*Hernani* et celle de Juillet, vont lui donner une force nouvelle. Pendant quatre ans, il ne va pas arrêter d'écrire et de publier : romans, pièces de théâtre, essais.

JULIETTE DROUET OU LE GRAND AMOUR

Après *Hernani*, tout pourrait aller très bien pour Victor Hugo. Il a trois beaux enfants, bientôt quatre. En 1832, il trouve un nouvel appartement, place Royale [1], quartier tranquille entre le faubourg Saint-Antoine, où commencent les révolutions ouvrières, et les Tuileries, où habite le roi. C'est ici que se réunit le Cénacle. Pas pour longtemps, car Hugo et sa famille vont souvent changer de maison dans Paris.

Mais un jour Victor Hugo apprend une triste nouvelle : Adèle, sa femme, ne l'aime plus. Ou plutôt elle en aime un autre, le journaliste Sainte-Beuve, celui que Hugo croyait être son meilleur ami ! Elle est belle, Mme Hugo. C'est la reine du Cénacle. Hugo dira plus tard qu'il n'a jamais connu d'autre femme que la sienne jusqu'au moment où il a appris que tous les matins, alors que lui et ses enfants dormaient encore, elle s'en allait retrouver Sainte-Beuve.

---

1. Place Royale : actuelle place des Vosges. Aujourd'hui, l'immeuble entier, au n° 6, est devenu le musée Victor-Hugo.

Juliette Drouet, jeune et jolie actrice, au moment de sa rencontre avec Victor Hugo.

L'histoire des parents de Victor Hugo va-t-elle recommencer ? Et la petite Adèle qui vient de naître est-elle bien sa fille ou celle de Sainte-Beuve ? Finalement, Hugo et sa femme ne se sépareront pas. Ils vont même rester ensemble jusqu'à la mort, comme deux amis, les deux amis des Feuillantines. Mais Victor décide alors qu'il a le droit lui aussi d'aimer qui il veut et quand il veut. En 1833, dans le théâtre où se joue *Lucrèce Borgia*, il rencontre une jeune et jolie actrice, Juliette Drouet. C'est le grand amour ! Pour lui, elle arrête le théâtre. Voici donc Victor Hugo entre deux femmes : son épouse Adèle est devenue son amie, sa sœur ; Juliette est devenue sa vraie femme. Les autres, qui sont nombreuses, ne sont que des aventures...

Amoureux libre, père heureux, Victor Hugo est aussi l'écrivain le plus connu de ces années-là : *Notre-Dame de Paris* (1831) a fait oublier le roman de Vigny, *Cinq-Mars*. *Hernani* a dépassé le succès de la première vraie pièce romantique, *Henri III et sa cour* (jouée en 1829), d'Alexandre Dumas. Et *les Chants du crépuscule* (1835) valent bien *les Harmonies poétiques* de Lamartine. Il ne manque plus rien à l'écrivain et à l'homme Victor Hugo, même pas l'argent, puisque son éditeur lui a payé cher toutes ses œuvres. Il a acheté une salle de théâtre, la Renaissance, où il fait jouer ses pièces et celles de Dumas. Maintenant il lui faut l'Académie française pour y faire entrer enfin « le bonnet rouge » du romantisme. Il s'y présente deux fois en 1836, sans succès, puis en 1839 et 1840, toujours sans succès. Il y est enfin élu en 1841. Le jour où il fait son discours d'entrée, il ne parle pas de littérature ni de romantisme, mais de pauvreté, de liberté et de justice.

Victor Hugo ne fait jamais ce qu'on lui demande de faire !

CHAPITRE 5

UN MONSIEUR AUSSI SÉRIEUX

On se demande encore pourquoi, entre 1843 et 1852, Victor Hugo n'a pas publié un seul livre ni fait représenter une seule pièce de théâtre. Il y a sans doute plusieurs raisons. Des raisons familiales, personnelles et politiques, publiques.

Les années de malheur

En ce début d'année 1842, il écrit une nouvelle pièce de théâtre, *les Burgraves*. En février, François-Victor, son deuxième fils, tombe très malade. On croit même qu'il va mourir. Il guérit, mais il ne sera jamais plus en bonne santé. Un an après, en février 1843, Léopoldine se marie avec Charles Vacquerie. Hugo voit partir sa fille avec une grande tristesse, même s'il aime bien le jeune marié.

Sa pièce *les Burgraves* n'a aucun succès. Les goûts ont changé. Le peuple aime mieux voir les pièces pleines d'assassins, de policiers et d'enfants abandonnés que l'on joue sur «le boulevard du Crime*»; les bourgeois préfèrent rire et pleurer des malheurs d'autres bourgeois dans les vaudevilles* ou les mélodrames* des beaux quartiers. Le théâtre a un peu perdu sa force révolutionnaire et le romantisme commence à ne plus être à la mode. Théophile Gautier a coupé ses cheveux et déclare que «l'utile est laid», donc que l'art doit être inutile s'il veut être beau. Le roman aussi a pris d'autres chemins : d'un côté, Balzac invente le roman moderne en décrivant avec précision la réalité, de l'autre Alexandre Dumas raconte des histoires du passé, pleines d'aventures et de mystère. Le romantisme n'est pas encore mort, mais il vieillit. À quarante ans, Victor Hugo n'est-il plus à la mode ?

Pour oublier ce premier échec [1], Hugo part en vacances avec Juliette en Espagne. Ces deux mois de voyage sont aussi deux mois de bonheur. Mais sur la route du retour, le 9 septembre 1843, dans la ville de Rochefort, Victor Hugo ouvre un journal. Il apprend que sa fille Léopoldine est morte une semaine avant. Elle faisait du bateau sur la Seine près de Villequier, avec son mari. Le bateau s'est renversé... Ils étaient mariés depuis moins de huit mois. Hugo rentre à Paris le 12 septembre. En plus de son très grand chagrin, il pense que c'est par sa faute que le malheur est arrivé. A-t-il été trop heureux pendant ce voyage ? Peut-être cet accident est-il une punition de Dieu ? Toute sa vie il se posera ces questions.

Hugo s'enferme chez lui. Il écrit des vers sur la mort de sa fille, *À Villequier*, mais on ne pourra pas les lire avant longtemps. 1844 est la plus triste année de sa vie.

Le 13 avril 1845, Louis-Philippe nomme enfin Victor Hugo pair de France. Il est devenu l'égal de Chateaubriand ! Il commence alors un roman qu'il appelle *les Misères*, où il racontera la vie des pauvres gens. Il mettra quinze ans à écrire ce qui deviendra plus tard *les Misérables*.

Vive la République !

À quarante-six ans, Victor Hugo est un homme qui marche dans la rue avec un air grave. Son ventre a un peu grossi, juste ce qu'il faut pour un bon bour-

---

1. Échec : quelque chose qu'on n'a pas bien fait, qu'on n'a pas réussi.

Victor Hugo à la Chambre des pairs : ses idées étonnent beaucoup de gens.

geois. Il porte des vêtements noirs depuis la mort de sa fille, mais, parfois, il met une chemise rose. Il fait très attention à l'argent qu'il gagne et se dispute avec les éditeurs qui vendent pourtant très bien ses livres. On dit qu'il est avare[1].

À la Chambre des pairs, il s'est installé au milieu : ni à droite* ni à gauche*. Il est conservateur. Mais ses amis politiques se méfient de lui. Quand il fait un discours, c'est pour dire des choses étonnantes pour un homme sérieux : il n'arrête pas de demander qu'on supprime la peine de mort. Voilà bien des idées de poète ! Il veut que les enfants ne travaillent plus en usine, mais qu'ils aillent à l'école. Il parle aussi de l'avenir d'une Europe formée de tous les États enfin réunis. Et un jour, à la Chambre, il a demandé que tout le monde ait le droit de vote. Même les gens qui ne paient pas assez d'impôts ! même les femmes !

Oui, le conservateur Victor Hugo ne peut pas s'empêcher de dire ce qu'il pense, même si c'est révolutionnaire.

Il est maintenant très ami avec le roi Louis-Philippe, depuis la mort du duc d'Orléans, tué dans un accident de cheval. Peut-être Victor Hugo espère-t-il devenir le principal ministre du roi ou, après la mort de Louis-Philippe, celui de son petit-fils, le comte de Paris. Même quand le roi sera chassé de France et que Hugo sera devenu vraiment républicain, il défendra toujours Louis-Philippe. Il pense que le roi est mal conseillé, mais que c'est un bon roi, simple, qui veut le bonheur des Français.

La France a changé. Il y a de plus en plus d'usines, donc de plus en plus d'ouvriers. Mais ils sont de plus en plus pauvres. Et ils n'ont pas le droit à la parole. Brusquement, en février 1848, une nouvelle révolu-

---

1. Avare : personne qui n'aime pas dépenser de l'argent.

tion éclate ! Au faubourg Saint-Antoine, le peuple construit des barricades [1]. À la mairie de Paris, les libéraux et les républicains se réunissent et font un nouveau gouvernement. Leur chef est Lamartine, le poète. La IIe République est déclarée. Louis-Philippe fuit en Angleterre.

Victor Hugo est surpris par les événements. Il va voir Lamartine et lui dit qu'il est avec lui. Il est nommé maire du VIIIe arrondissement de Paris. Le 4 juin, il est élu député sur la liste de droite.

Les ouvriers du faubourg Saint-Antoine pensent que le nouveau gouvernement est en train de leur voler leur révolution, leur république. Ils construisent de nouvelles barricades. Les soldats et la police se battent contre eux et tuent beaucoup de gens. Hugo est du côté du gouvernement. Il pense que la révolution et la violence doivent maintenant s'arrêter et que les changements doivent aller plus lentement, en douceur. Il risque même sa vie en essayant d'enlever leurs armes aux ouvriers. Il veut la paix, il veut que tous les Français s'aiment. Dans *les Misérables*, il dira pourquoi il s'est battu contre les ouvriers, ces jours-là : ils voulaient faire « un coup d'État* populaire. L'homme (honnête), par amour même pour cette foule [...] la combat [2], [...] triste, avec un serrement de cœur ».

---

1. Barricade : sorte de mur construit rapidement dans la rue et derrière lequel les révolutionnaires se protègent de l'armée.
2. Combat : se bat contre elle (du verbe *combattre*).

CHAPITRE 6

S'IL N'EN RESTE QU'UN JE SERAI CELUI-LÀ

Si Victor Hugo était mort sur les barricades en juin 1848, on aurait parlé de lui aujourd'hui comme d'un bon poète, mais moins important que Lamartine, Vigny ou... Chateaubriand.

Dès 1849, un nouveau Victor Hugo va naître : un homme seul qui chante d'une voix forte la justice, la paix, le progrès*, la liberté. Le poète est devenu prophète.

NAPOLÉON-LE-PETIT

À partir de la révolution de 1848 et jusqu'à décembre 1851, les événements en France vont aller très vite. Et les idées de Victor Hugo vont changer à la même vitesse.

Dès février, la IIe République crée les «Ateliers nationaux», des usines qui permettent à l'État de faire travailler les pauvres. Les derniers droits de la noblesse disparaissent. En avril, l'esclavage [1] des Noirs dans les colonies* est supprimé. Tous les hommes, pauvres ou riches, ont le droit de voter.

Hugo est le premier à être d'accord avec ces changements. Mais après les barricades de juin, rien n'est déjà plus pareil. Quatre mille personnes ont été tuées, onze mille sont prisonniers et quatre mille trois cents sont envoyées dans les colonies pour y travailler.

---

1. Esclavage : faire travailler des hommes comme les animaux, sans les payer (esclave).

Hugo demande alors que la jeune république pardonne et que la paix revienne entre les Français. Personne ne l'écoute.

Le 10 décembre, la France va choisir son premier président de la République. Lamartine, le poète de la Révolution de février, se présente. En face de lui, le général Cavaignac, l'homme qui a fait tuer tant de personnes sur les barricades de juin, Ledru-Rollin, un avocat de gauche qui a toujours lutté contre Louis-Philippe, et Raspail, un savant socialiste*.

Mais voici un autre personnage qui veut devenir lui aussi président. Il s'appelle Louis Napoléon Bonaparte, c'est le neveu de l'empereur Napoléon Ier. Pendant très longtemps, il n'a pas pu rentrer en France, et Victor Hugo a souvent demandé au roi de le laisser revenir. Le neveu de Napoléon a des idées qui plaisent à Victor Hugo. Il dit qu'il veut supprimer la pauvreté, mais sans désordre ni violence. Il affirme aussi que la France va redevenir, grâce à lui, le plus important pays du monde. Alors, dans le nouveau journal qu'il fait avec ses deux fils, *l'Événement*, Hugo demande que les Français choisissent Louis Napoléon comme président.

Louis Napoléon est élu très facilement le 10 décembre 1848. Le 13 mai de l'année suivante, lors de nouvelles élections, Victor Hugo, lui, est réélu député, toujours conservateur. Le 9 juillet, il fait son premier discours à l'Assemblée législative*. Il dit que le plus urgent est de se battre contre la misère en France. À droite, on rit, on proteste : « Poète ! socialiste ! » Hugo commence à comprendre que ses amis ne sont pas de ce côté-là. Mais cela ne l'arrête plus. Il réclame la fin de la peine de mort et le pardon pour les révolutionnaires de juin. Et quand le ministre Falloux demande que l'Église catholique soit la seule à s'occuper de l'éducation des enfants, il proteste encore : la religion ne doit pas entrer à l'école. Hugo se fait un nouvel ennemi : l'Église. En janvier 1850, Louis Napoléon, qui se fait maintenant appeler « le prince-président », demande qu'on le paie trois millions de francs par an. Lui qui disait vouloir aider les pauvres !

« C'est un voleur, c'est un menteur ! » crie Hugo.

Il se réveille enfin. À l'Assemblée, devant ses anciens amis qui essaient de le faire taire, il crie :

« Quoi, parce que nous avons eu Napoléon le Grand, il faut que nous ayons maintenant Napoléon-le-Petit ? [...] Nous avons été trompés dans nos espérances. »

Son discours terminé, il ne revient pas à sa place. Il va s'asseoir, tout au bout de la salle, à gauche.

Un poète en fuite

Le 31 mai, Louis Napoléon fait une loi. Cette loi interdit aux gens qui habitent quelque part depuis moins de trois ans de voter. Ces gens-là, près de la moitié des Français, sont surtout des ouvriers et des paysans pauvres qui vont de ville en ville et de ferme en ferme à la recherche d'un travail. De plus en plus, on interdit des journaux. On commence par *l'Événement* de la famille Hugo, qui s'appelle maintenant *l'Avènement*[1] *du peuple*. Les journalistes sont mis en prison. Charles Hugo est l'un des premiers à être enfermé, le 30 juillet. François-Victor viendra le rejoindre le 18 novembre.

Victor Hugo va leur rendre visite. Chaque matin, il s'habille de noir, sort de son appartement, suit la Seine jusqu'à l'île de la Cité et entre dans la prison de la Conciergerie. Sur son passage, les Parisiens les moins courageux s'écartent, certains le saluent d'un coup de chapeau. Un ouvrier crie : « Vive Victor Hugo ! » Il

---

1. Avènement : arrivée au plus grand pouvoir.

répond « Vive la République ! » Il sait bien que derrière lui, un policier le suit en essayant de se cacher. À la prison, les gardiens n'osent pas regarder ce qu'il a dans ses poches. Il reste longtemps à parler avec ses enfants et rentre enfin à la maison. Mais Louis Napoléon n'enfermera pas le père avec ses fils. Hugo en prison serait plus dangereux que Hugo en liberté. Et puis, il a mieux à faire en ce moment : il prépare un coup d'État. Tout le monde le sait, tout le monde attend ce moment.

Ce moment arrive le 2 décembre au soir : « À la nuit, comme les voleurs », dit Hugo. L'Assemblée législative est fermée. Les députés sont renvoyés chez eux.

Le lendemain, Hugo descend dans la rue, appelle le peuple à prendre les armes, à refaire des barricades. Pendant cinq jours, au risque de sa vie, avec six autres députés de gauche, il va essayer de se battre. Le 4 décembre enfin, quelques barricades sont construites. L'armée arrive. Il y a trois cents morts. C'est fini. Le faubourg Saint-Antoine n'a pas oublié juin 1848 et ne bougera pas. Victor Hugo est seul dans la rue. Il porte dans ses bras un enfant de huit ans et le ramène à la maison :

> L'enfant avait reçu deux balles dans la tête [...]
> Une vieille grand-mère était là qui pleurait [...]
> Disant : « Comme il est blanc ! Approchez donc la lampe
> [...] Monsieur il était bon et doux comme un Jésus
> Moi, je suis vieille, il est tout simple que je parte
> Cela n'aurait rien fait à Monsieur Bonaparte
> De me tuer au lieu de tuer mon enfant ! »
> (Souvenir de la nuit du 4, *les Châtiments*, 2/12/1852)

Le 10 décembre, Hugo apprend que Louis Napoléon veut le faire jeter en prison. Un ami lui fait de faux papiers. Il s'habille comme un ouvrier et s'enfuit en Belgique. Il ne reviendra pas en France pendant vingt ans.

Les combats des rues, sur les barricades, à Paris, en 1848. Quatre mille personnes ont été tuées.

À Bruxelles, il vit dans une petite chambre. Il ne sort presque pas. Il s'habille mal, il a l'air fatigué. À Paris, chacune de leur côté, Adèle et Juliette se préparent à l'aider. Elles rassemblent un peu d'argent et tous ses papiers : des romans qui ne sont pas finis, des poèmes. Il faut faire vite. Le 9 janvier 1852, Louis Napoléon, qui vient de se faire élire pour dix ans « prince-président » avec tous les pouvoirs, écrit le décret d'expulsion[1] du poète.

Dans un mois, Victor Hugo aura cinquante ans. Il n'est plus rien en France. Mais le voilà bien plus fort qu'il y a dix ans quand il entrait à l'Académie française. Sur sa table, les papiers, les journaux s'entassent. Il veut raconter comment Louis Napoléon a pris le pouvoir. Ce livre s'appellera *Histoire d'un crime*. Mais c'est trop long à écrire. Hugo veut répondre vite au coup d'État. Le 12 juin, il décide de ne plus parler du crime, mais du criminel. Et le 14 juillet, il finit d'écrire *Napoléon-le-Petit*. C'est une gifle envoyée à celui qui, le 1er décembre 1852, se fera appeler l'empereur Napoléon III. Le grand combat a commencé.

La bouche qui dit « non »

La jeune et petite Belgique ne veut pas se fâcher à cause d'un poète avec le nouveau maître de la France. Des policiers surveillent la porte de Hugo. Bientôt va paraître à Bruxelles *Napoléon-le-Petit*. Hugo préfère s'en aller, pour ne pas être chassé et ne pas créer d'ennuis aux autres personnes qui ont dû quitter aussi la France, chassées par Napoléon : les proscrits*.

Hugo va choisir soigneusement l'endroit où il va aller. Ce sera à Jersey, une île anglo-normande. L'histoire de ces îles est bizarre : situées à une trentaine de

---

1. Décret d'expulsion : texte non voté *(décret)* qui dit qu'une personne est chassée de son pays *(expulsion)*.

kilomètres de la France, elles appartiennent quand même à la Grande-Bretagne. Mais elles se gouvernent seules depuis des siècles.

Un endroit rêvé pour le poète : il est tout près de la France, à quelques heures de bateau. Debout sur ce qu'il appelle son rocher, il semble dire à Napoléon III : « Je suis là, tout près, et je te regarde. » Par beau temps, il peut même voir la France au loin. Il fera prendre de lui de nombreuses photos où on le voit, les bras croisés, regardant la mer.

Le jour où Hugo arrive à Jersey, *Napoléon-le-Petit* commence à se vendre en Belgique. Des milliers de livres interdits en France passeront la frontière [1] en secret. Quand Charles et François-Victor sortent enfin de prison, Mme Hugo et ses trois enfants viennent vivre à Jersey dans une maison devant la mer que l'écrivain a louée : Marine Terrace. Juliette Drouet habite juste à côté.

À Marine Terrace, tout le monde écrit. Charles est poète lui aussi, François-Victor traduit Shakespeare en français, Mme Hugo raconte ses souvenirs, Adèle, qui a vingt-deux ans, écrit ses pensées dans un cahier. Il y a aussi le beau-frère de la pauvre Léopoldine, Auguste Vacquerie, poète, lui aussi.

Victor Hugo écrit des milliers de vers. *Les Châtiments* paraissent en Belgique en novembre 1853. À nouveau, Hugo attaque Napoléon III. Il dit qu'il ne rentrera pas en France aussi longtemps que Napoléon III sera au pouvoir :

Je serai...
La voix qui dit : malheur ! la bouche qui dit : non !
... Et s'il n'en reste qu'un je serai celui-là.

---

1. Frontière : passage entre deux pays.

LES VOIX INTÉRIEURES

La maison de Marine Terrace est triste. Mme Hugo s'ennuie. Elle regrette déjà Paris et ses amis du Cénacle. Adèle joue du piano toute la journée. Hugo, lui, va faire du cheval sur la plage. Il se baigne tous les jours. Il marche de longues heures avec son fils Charles qui adore faire des photos. François-Victor s'occupe surtout du journal des proscrits, *l'Homme*. Chaque jour, Hugo va voir Juliette. Il écrit :

> Je suis là ; j'ai deux chaises dans ma chambre, un lit de bois, un tas de papiers sur ma table... Je vis, je suis.

La nuit est tombée. La famille Hugo et les deux amis qui sont là ont fini de manger. Ils s'assoient tous autour d'une table ronde. Ils mettent les mains au-dessus de la table et se touchent les doigts. Ils appellent les morts — Léopoldine, bien sûr, mais aussi Molière, André Chénier ou Shakespeare — qui leur parlent, pensent-ils, et leur disent des poèmes. Victor Hugo y croit beaucoup. Pendant deux ans, ils se réuniront presque tous les soirs autour de la table «parlante». Mais un ami, un voisin qui venait tous les soirs, devient fou. Il faut l'enfermer. Victor Hugo arrête alors ces réunions. Jusqu'à la fin de sa vie, pourtant, il entendra dans la nuit des coups contre les murs, ou quelqu'un qui, dans le noir, le touche à l'épaule et respire près de lui.

Il vient de finir un grand livre de poésie, tout plein du souvenir de Léopoldine, l'enfant mort : *les Contemplations*. Il y parle de la mer, de la terre et du ciel, de ses peurs, de ses joies et de ses interrogations. Il commence deux longs poèmes, *la Fin de Satan et Dieu*, qu'il ne finira jamais. Dans ces poèmes, Hugo cherche à trouver une religion au-dessus des autres : «Celle qui n'a pas encore de nom.»

Il n'oublie pas pourtant son ennemi et écrit, en 1855, une *Lettre à Louis Napoléon*. Il devient le vrai chef de tous les proscrits. Mais il n'arrive pas à les mettre d'accord. Certains veulent tuer Napoléon III, d'autres ont envie de rentrer en France. Dans leur journal *l'Homme*, Hugo écrit un article contre le voyage de la reine d'Angleterre, Victoria, invitée en France par l'empereur. Le gouverneur de Jersey prend peur et demande à Victor Hugo de partir.

Le 31 octobre 1855, toute la famille Hugo prend le bateau, sous la pluie, et arrive dans la plus grande des îles anglo-normandes, Guernesey. Ici, on veut bien de lui.

Il habite d'abord à l'hôtel, puis loue une maison. Le 23 avril, *les Contemplations* paraissent à Paris et à Bruxelles. Dès le premier jour, mille livres sont achetés, et des milliers d'autres pendant les mois qui suivent. Hugo est redevenu riche. Il décide d'acheter une maison..

Il trouve l'endroit de ses rêves, Hauteville House. La maison est grande, on voit la mer. De l'autre côté de la rue, il a acheté une petite maison pour Juliette. Le jour où il entre chez lui, il fait mettre un grand drapeau français sur le toit. Hugo n'est plus le proscrit des îles anglo-normandes, il est devenu, à cinquante-quatre ans, le roi de Hauteville House.

CHAPITRE 7

LE TRAVAILLEUR DE LA MER

Pendant que Victor Hugo et sa famille s'installent à Hauteville House, s'ouvre à Paris l'Exposition universelle. La France devient le centre du monde. Tous les autres pays ont accepté l'empereur. Aux élections, la plupart des Français votent pour les députés bonapartistes. L'empire est là pour longtemps. Dans son île, Victor Hugo comprend qu'il finira peut-être sa vie à Guernesey. Mais il est plutôt content : « Pas de visites... Je suis libre, je peux travailler. »

Quand la liberté rentrera

Et il travaille. Pendant quinze ans, il va écrire ses principaux romans, de grandes poésies, du « théâtre en liberté ».

Les premières années à Guernesey semblent heureuses. La mer, sa vieille amie, est partout. Son grand bureau n'a pour murs que des fenêtres. Tous les dimanches, Hugo invite les enfants pauvres de l'île à manger des gâteaux. Il joue avec eux. Il aide aussi les proscrits plus malheureux que lui. Qui a dit qu'il était avare ?

Ses fils écrivent. Sa fille Adèle a été très malade en décembre 1856, mais cela va mieux. Lui, il écrit poème sur poème. En France, son éditeur lui annonce qu'il ne veut pas publier *Dieu* et *la Fin de Satan*, mais lui demande de finir enfin ce roman commencé en 1845 : *les Misérables*. Hugo fait tout en même temps, il passe du roman à la poésie, il écrit un essai* littéraire sur Shakespeare.

Victor Hugo est aussi très habile de ses mains. Quand ses enfants étaient petits, il leur faisait toutes sortes de jouets. C'est surtout un merveilleux dessinateur. Ses tableaux sont des œuvres que l'on peut encore admirer aujourd'hui : villes du Moyen Âge, visages drôles ou affreux, mer en colère... *Les Dessins de Victor Hugo* seront publiés en 1862.

Dans sa maison, il fabrique des meubles, sculpte des statues de bois. Il fait aussi des photographies. Hauteville House devient une œuvre de Hugo. On peut encore la visiter aujourd'hui.

Oui, Victor Hugo est heureux entre 1856 et 1858. Il paraît très jeune pour un homme de cinquante-six ans. Il nage toujours, il marche de longues heures au bord de la mer. Une grave maladie de peau va pourtant mettre sa vie en danger, pendant trois mois, en 1858. À peine guéri, il continue d'écrire *les Misérables* et des quantités de vers qui paraîtront six ans plus tard dans *les Chansons des rues et des bois*. Entre l'arrivée à Guernesey et septembre 1859, un seul livre paraîtra en France : *la Légende des siècles*. En France Napoléon III est maintenant bien en place. En 1859, il déclare que tous les proscrits de 1851 peuvent revenir dans le pays. Étonné, Victor Hugo va voir rentrer chez eux la plupart de ses amis. Lui, il répond à Napoléon III : « Quand la liberté rentrera, je rentrerai. »

PRESQUE SEUL

Heureux, Victor Hugo ? Il le dit, il le répète. Mais sa femme et ses deux fils veulent rentrer à Paris. Hugo écrit dans un de ses poèmes, avec beaucoup de tristesse :

> On aime ses enfants bien plus qu'ils ne nous aiment.

Il voudrait bien qu'ils aient un vrai travail. Alors que ce sont des hommes de trente ans, ils ne sont toujours pas mariés et il doit toujours les nourrir.

Il ne voit pas, il ne veut pas voir qu'ils s'ennuient à Guernesey. Mme Hugo va de plus en plus souvent à Paris, à Londres ou à Bruxelles. À son tour, c'est Charles qui rentre en France en 1861, sans le dire à son père. François-Victor continue de travailler sur une traduction de Shakespeare. Il connaît une jeune fille avec laquelle il veut se marier et qui habite Guernesey. Mais elle meurt. Alors lui aussi dit qu'il ne peut plus vivre dans cette île. Il s'en va retrouver sa mère et son frère.

Plus grave encore, sa fille Adèle disparaît. Depuis sa maladie en 1856, elle est devenue bizarre. Elle s'habille mal, ne se lave plus et joue du piano toute la journée. Mme Hugo a bien essayé de lui changer les idées en l'emmenant à Londres ou à Paris. Mais Adèle n'aime pas la ville. Le jour de Noël 1861, elle présente à son père un Anglais, le lieutenant Pinson. Enfin, elle va se marier ! Pinson s'en va. Il ne veut pas de ce mariage. Le 18 juin 1863, Adèle dit qu'elle va voir sa mère à Paris. Mais elle part en Amérique rechercher l'homme qu'elle aime. En septembre, elle écrit à son père qu'elle est mariée. Les journaux de France annoncent l'événement. Ce n'est pas vrai. Pinson refuse de la voir. Adèle ne donne plus de nouvelles...

Hugo ne veut pas que l'on apprenne sa solitude et son malheur. Il dit même que c'est lui qui a demandé à ses fils et à sa femme de partir de Guernesey et de voyager. Ils reviennent le voir quand ils ont besoin d'argent. Sur les photos, il se présente entouré de sa famille comme un patriarche [1] de la Bible. Mais il ne peut s'empêcher de se plaindre dans certains de ses poèmes :

> Me voilà presque seul dans cette ombre où je vais.

---

1. Patriarche : chef de famille très vieux et ayant beaucoup d'enfants.

Victor Hugo en exil, en 1853 : la tristesse d'un proscrit.

Hauteville House, la maison de la famille Hugo, à Guernesey.

Victor Hugo invitera souvent chez lui les enfants pauvres de Guernesey.

Entre-temps, le 25 mars 1861, Victor Hugo s'est décidé à quitter les îles pour la première fois depuis neuf ans. Il s'est rendu en Belgique où sa femme est maintenant installée. Il habite à l'hôtel, près de Waterloo, où Napoléon Ier a été battu par les Anglais en 1815. C'est là qu'il finit *les Misérables.*

Cette première sortie hors de son île a redonné à Hugo le goût du voyage. Il visite la Hollande et, l'année suivante, de nouveau la Belgique, le Luxembourg et le Rhin. Chaque année, il partira de Guernesey et viendra voir sa famille à Bruxelles ou à Genève. En 1865 il a une grande joie ! Charles se marie. Il aura bientôt un enfant. Ses fils viennent de créer un nouveau journal républicain, autorisé en France, *le Rappel.* Enfin, ils sont devenus des hommes. Mieux encore, en 1867, pour la première fois, Mme Hugo et Juliette Drouet se rencontrent devant lui et deviennent amies. Mais il reste toujours sans nouvelles de la pauvre Adèle, perdue en Amérique.

Il n'a jamais autant écrit.

LE ROMAN, FORCE DE PROGRÈS

Les Misérables, c'est encore aujourd'hui le roman français le plus lu dans le monde. Victor Hugo a mis quinze ans pour l'écrire, en s'arrêtant parfois, mais en y pensant toujours.

L'histoire est belle : un pauvre homme, un misérable, Jean Valjean, vole un pain. Il est mis en prison pour dix ans. Quand il en sort, il est presque devenu un animal. Mais, petit à petit, en aidant les autres, en sauvant une petite fille, Cosette, il devient un homme tel que Hugo aimerait tous les voir.

Autour de l'histoire de Jean Valjean et de Cosette, Hugo raconte aussi son siècle : la bataille de Waterloo, le palais du roi Louis-Philippe, les barricades où sont tués des enfants de treize ans, comme Gavroche, le jeune héros du roman, mais surtout la vie des pauvres gens. Il y met ses idées politiques ou religieuses. Seuls le progrès et l'éducation, dit-il, pourront sauver les gens de la misère. Pour les aider, l'homme juste doit risquer sa vie, sa liberté, sa richesse.

Toutes ces idées, Hugo les avaient déjà mises en poèmes dans *la Légende des siècles* en 1859, qui raconte l'histoire de l'humanité marchant vers le progrès.

Dans sa préface aux *Misérables,* Hugo écrit que «le roman est une des puissances du progrès et une des forces du génie humain en ce grand XIXe siècle». Bien sûr, il va continuer d'écrire des livres de poésie, comme *les Chansons des rues et des bois*, parues en 1865, poèmes plus légers, plus personnels que *la Légende des siècles*. Dans son essai *William Shakespeare*, il explique ses idées sur la littérature et défend le romantisme, le lyrisme* et l'épopée*. Il continue son *Théâtre en liberté*, comme si ces pièces n'allaient jamais être jouées. Mais sa grande affaire, dans ses dernières années de proscrit, c'est le roman.

Il commence par prendre des notes pour un roman qui se passera sous la Révolution française : *Quatre-vingt-Treize*. Puis il s'arrête et écrit en moins d'un an (1864-1865) *les Travailleurs de la mer*. C'est l'histoire d'un pêcheur des îles anglo-normandes, Gilliatt, qui, par son travail, se bat contre la nature. Le travail, selon Hugo, peut sauver l'homme. *Les Travailleurs de la mer* permettent aussi à Hugo de dire merci aux gens de Guernesey, qui l'ont accepté.

Dès que *les Travailleurs de la mer* sont publiés, il commence *L'homme qui rit*, le plus curieux et le plus personnel de ses romans : en Angleterre, des acteurs prennent un enfant perdu, Gwynplaine, et lui coupent la bouche pour qu'il ait l'air de rire tout le temps, quand ils le montrent de ville en ville. Adulte, devenu riche, il entre à la Chambre des lords (la Chambre des pairs pour l'Angleterre) et mène une vie agréable et gaie. Mais après la mort de Déa, la femme de sa vie, Gwynplaine commence à parler de la misère des pauvres gens. Les lords trouvent très drôle cet homme qui rit et qui pleure en même temps. Cette histoire rappelle celle d'un certain poète, à la Chambre des députés, en 1849.

Depuis 1830, Victor Hugo voulait écrire sur la Révolution française, car il pensait que la révolution romantique dans la littérature était la fille de la grande révolution qui avait eu lieu quarante ans plus tôt. Dans ce récit, il va retrouver les grandes descriptions du peuple de Paris, celles de son roman *Notre-Dame de Paris*. À soixante-dix ans, Hugo écrit comme un jeune homme.

Quatrevingt-Treize se passe donc en 1793. Paris fait la révolution. En Bretagne, royalistes et républicains se font la guerre. Gauvain est le chef des armées républicaines. Son ami Cimourdain représente le gouvernement de Paris. En face, le chef des royalistes, le marquis de Lantenac, tue sans pitié. Mais il y a aussi des gens du peuple comme ce bon soldat Radoub et La Flécharde, une paysanne qui protège ses trois enfants de la guerre. Lantenac garde ces trois enfants en prison dans son château, mais il les sauvera du feu. Pour le remercier, Gauvain sauvera Lantenac fait prisonnier par les républicains. Pour cela Gauvain sera condamné à mort par son ami Cimourdain. Chacun de ces trois hommes a fait son devoir.

Hugo ne pourra pas terminer *Quatrevingt-Treize* avant 1873, car les événements en France et dans sa vie personnelle vont à nouveau tout bouleverser.

CHAPITRE 8

LES ANNÉES TERRIBLES

LE TRAIN VERS VILLEQUIER

En 1868, alors que les Hugo sont en Belgique et qu'ils viennent d'apprendre qu'ils sont les grands-parents d'un petit Georges, Mme Hugo meurt brusquement. Bien sûr, cette grosse dame toujours de mauvaise humeur n'était plus depuis longtemps la petite fille des Feuillantines, ni la belle femme dont tous les poètes de Paris étaient amoureux. Mais Hugo l'aime encore. Il accompagne son cercueil[1] dans le train qui l'emmène en France. Lui, il s'arrête à la frontière et regarde partir le train vers Villequier, tout là-bas en Normandie, où dort déjà sa fille Léopoldine. Et il écrit : « chère morte pardonnée... ».

De retour à Guernesey, Juliette l'attend, fidèle. Elle n'habitera jamais à Hauteville House. Mais elle y vient tous les jours. Surtout ce 14 juillet 1870, où toute la famille et les amis sont réunis — sauf Adèle — autour du patriarche. Il y a, sur les genoux de Juliette, le petit Georges et un bébé qui vient de naître, Jeanne, deuxième enfant de Charles.

Toujours aussi solide, dans ses « habits d'ouvrier à la retraite[2] », comme dit le romancier Flaubert, Hugo creuse un peu de terre et y plante un arbre : « le chêne des États-Unis d'Europe ». Trois jours après, la France déclare la guerre à l'Allemagne.

---

1. Cercueil : boîte en bois dans laquelle on met les morts.
2. À la retraite : qui a arrêté de travailler à cause de son âge.

Cette facilité sinistre de mourir

La guerre de 1870 sera très rapide. Commandée par de mauvais généraux et par Napoléon III lui-même, l'armée française est battue à Sedan le 3 septembre. L'empereur est fait prisonnier.

Victor Hugo, qui était à Bruxelles, arrive à Paris le 5. Les soldats fatigués regardent, à la fenêtre du train, un vieil homme à barbe blanche qui leur crie, les larmes aux yeux : « Vive la France, vive la France ! » Cela fait dix-huit ans qu'il n'avait pas vu Notre-Dame de Paris. La foule l'applaudit et crie : « Vive Victor Hugo, vive la République ! » Mais les Allemands ne sont plus qu'à quelques kilomètres. Il faut se défendre. Hugo prend les armes. Il est élu député le 8 février 1871. Les Allemands entourent Paris. Dans la ville, les gens ont faim ; on mange les chats et les chiens. Le gouvernement doit partir. Hugo et sa famille le suivent jusqu'à Bordeaux. Partout en France, les soldats veulent continuer la guerre. Ils gagnent même quelques batailles.

Mais à Bordeaux, le gouvernement royaliste veut la paix. Il ouvre la France et surtout Paris aux Allemands. Hugo, devenu socialiste, essaie bien de défendre ses idées. Il n'y a rien à faire. Il quitte sa place de député.

Le 13 mars, il dîne avec des amis dans un restaurant de Bordeaux. Charles doit venir. Il est en retard.

> Le garçon qui me sert au restaurant Lanta est entré et m'a dit qu'on me demandait. J'ai trouvé à l'entrée M. Porte qui loue à Charles l'appartement de la rue Saint-Maur, n° 13. Il m'a dit : « Monsieur, ayez de la force. Monsieur Charles...
> – Eh bien ? – Il est mort. » Mort ! Je n'y croyais pas. Charles ! Je me suis appuyé au mur... Hélas, mon bien-aimé Charles !... Les deux petits enfants [Georges et Jeanne] dorment...

C'est dans ses notes personnelles, *Choses vues*, que Hugo raconte la mort de son fils. Quelques jours après, lui et sa famille retournent à Paris avec le cercueil.

Nous sommes le 18 mars 1871. Les Allemands entourent Paris. Le nouveau président, Adolphe Thiers, a demandé aux Parisiens de rendre leurs armes aux Allemands. Les ouvriers ne veulent pas et descendent dans la rue. Des barricades sont construites. La Commune* de Paris est déclarée. Les troupes de Thiers attendent, à Versailles.

Cependant, dans la ville, derrière une grosse voiture noire, un vieil homme à barbe blanche marche lentement, tête nue sous la pluie. Derrière, suivent sa famille et ses amis. Les ouvriers s'écartent en silence, enlèvent leur chapeau, baissent leurs armes. Puis, une fois que la voiture est passée, ils crient : « Vive la République, vive Victor Hugo ! »

La guerre entre les ouvriers socialistes, les « communards » et l'armée de Thiers, les « Versaillais », va durer trois mois. Les communards seront battus, tués à chaque coin de rue. Paris est en feu. Il y aura soixante mille morts. Des milliers d'autres seront envoyés en prison dans les colonies.

Hugo, lui, est parti de Paris pour Bruxelles dès le début de la Commune : il refuse la violence des uns et des autres. Il essaie d'abord de leur demander de faire la paix. Puis, quand la Commune a perdu, il défend les ouvriers vaincus, essaie d'en sauver le plus possible. Comme toujours, il est aux côtés des misérables. Il est chassé de Belgique. Il part pour le Luxembourg et revient à Paris en septembre. Mais il est battu deux fois aux élections, fin 1871 et début 1872.

Le général de Mac-Mahon dirige maintenant la France. Il faudra attendre encore trois ans pour que la République soit enfin déclarée. Hugo, de son côté, réclame la liberté et le pardon pour les communards.

Il écrit un nouveau livre de poèmes, *l'Année terrible*, où il raconte les choses affreuses qui se sont passées en 1871 : l'enfant que l'on va tuer, nouveau

Gavroche, et qui crie «feu!» à la place de l'officier, la jeune fille qui tombe en chantant, avec «cette facilité sinistre [1] de mourir».

Plus morte que les morts

À Paris, la ville qu'il a tant aimée, Victor Hugo s'ennuie. Toutes les vieilles rues, toutes les maisons ont été détruites.

Dans son salon de l'avenue qui s'appelle déjà «Victor-Hugo», les gens célèbres de Paris viennent le voir. Lui est resté un homme simple et bon. Un jour, pendant une réunion avec des hommes politiques, il dit en plaisantant à Juliette : «Si on faisait revenir les Napoléon? Comme ça nous pourrions rentrer dans notre île!»

Il y retourne, d'ailleurs, pour finir *Quatrevingt-Treize*, mais surtout pour retrouver une femme de vingt ans, Blanche, dont il est amoureux, à soixante et onze ans! Juliette se fâche, disparaît pendant un mois. Elle revient, il lui promet que c'est fini, que jamais plus... Mais il recommence toujours!

Sa fille Adèle a été retrouvée à la Barbade, non loin des États-Unis, où elle poursuivait son lieutenant Pinson. Elle est ramenée en France, sale, dans ses vêtements déchirés. Elle ne parle plus. Victor Hugo doit la faire enfermer dans un hôpital où elle mourra. Folle, elle aussi, comme Eugène, il y a cinquante ans! Hugo va lui rendre visite chaque semaine. Jamais il ne parlera de la folie de sa fille. Il écrit seulement dans *Choses vues :* «Ma pauvre fille Adèle, plus morte que les morts.»

Il passe son temps entre Guernesey et Paris. Il se tient toujours très droit du haut de son mètre soixante-huit, monte les escaliers comme un jeune homme.

---

1. Sinistre : très triste.

Certains sont gênés quand ils le voient debout à côté de son fils François-Victor, malade, dans son fauteuil. François-Victor va mourir en 1873.

Il ne lui reste plus que Juliette et surtout ses deux petits-enfants, Georges et Jeanne.

Le poète avec ses deux petits-enfants, Jeanne et Georges.

CHAPITRE 9

LE COMBAT DU JOUR ET DE LA NUIT

En 1874, *Quatrevingt-Treize* sort enfin. C'est le même succès que *les Misérables*. Le peuple achète ce livre qui parle de la Révolution, de «leur» révolution. Mais les critiques* ne l'aiment pas : trop simple, mal écrit. Un journaliste écrit : «Victor Hugo est bête comme l'Himalaya [1].» Hugo répond : «Je préfère être bête comme l'Himalaya qu'intelligent comme le quai Conti [2]!» Celui que ses jeunes amis écrivains appellent maintenant «le père Hugo» est toujours aussi drôle. Et toujours prêt à défendre ses idées.

L'ART D'ÊTRE GRAND-PÈRE

Il repart pour Guernesey pour retrouver tous les discours et tous les articles qu'il a écrits. Il les publie en 1875 sous le titre *Actes et paroles*. Bien sûr, il les change un peu, surtout ceux qu'il a écrits entre 1820 et 1850, quand il n'était pas encore républicain et socialiste. Il voyage partout en France et fait des discours devant les socialistes et les ouvriers. Et surtout il a une nouvelle grande histoire d'amour avec ses deux petits-enfants, Georges et Jeanne.

«Avant tout la liberté», c'est ce qu'écrit Hugo dans la préface d'*Actes et paroles*. Il devient sénateur* en 1876. Enfin, il peut à nouveau parler devant les hommes politiques. Il a la joie de voir que Mac-Mahon est

---

1. L'Himalaya est la plus haute montagne du monde.
2. Quai Conti : endroit de Paris où se réunit l'Académie française.

battu aux élections et que son ami Jules Grévy le remplace. Quatre ans plus tard, grâce à lui, les communards pourront enfin revenir en France. Un autre de ses amis, Jules Ferry, devenu ministre, prépare une loi pour que l'école soit «laïque*, obligatoire et gratuite».

À Villequier, à Paris — où le peuple viendra fêter devant sa porte ses quatre-vingts ans — ou à Guernesey, il joue avec ses petits-enfants. Il les aide à voler de la confiture, il rit quand il les voit déchirer ses papiers, il note les paroles de Georges qui dit : «Pourquoi un enfant qui a de petites mains écrit gros, et qu'une grande personne avec ses grosses mains écrit petit ?»

Ces enfants, c'est l'avenir. Hugo écrit alors un livre de poèmes pleins d'espoir : *l'Art d'être grand-père.*

Le XIXe siècle est grand, dit-il, mais le XXe siècle sera heureux...

LE NOM GRANDIT QUAND L'HOMME TOMBE

Victor Hugo n'écrit plus. Avec son ami Vacquerie, qui l'a suivi partout, de Paris à Guernesey, il rassemble tous les papiers, tous les écrits, et prépare ses éditions complètes : voici la deuxième partie de *la Légende des siècles*, voici, enfin publiée, *Histoire d'un crime*, ce livre qu'il voulait faire en 1852, à Bruxelles, voici *Religions et religion*, écrit à Guernesey. Il a trouvé mille et mille papiers écrits durant toute sa vie qu'il va publier dans *les Quatre Vents de l'esprit* ou dans *Toute la lyre*. Le monde entier lit ces œuvres restées secrètes pendant près de vingt ans. Mais c'est fini, Hugo est vieux, fatigué. Il n'y aura plus de nouveaux *Misérables* ou de nouveau *Quatre-vingt-Treize*. L'homme a soixante-quinze ans. Dans la deuxième partie de *la Légende des siècles*, il a écrit : « Le nom grandit quand l'homme tombe. »

En 1878, il est frappé d'une congestion cérébrale [1]. Son fils Charles en est mort quelques années avant.

Il part se reposer à Guernesey. Mais Juliette est en colère. Victor a encore une histoire d'amour avec une jeune femme. Quant à Georges et Jeanne, ils deviennent grands et font trop de bruit. Ah, le grand-père n'aime pas quand ils jouent aux dominos et qu'il perd. D'ailleurs, ce ne sont plus des enfants comme il les aime. Ils ont bientôt dix ans.

Juliette meurt en 1883, dans les bras de celui qui fut l'amour de toute sa vie. Hugo part alors pour la Suisse et pour l'Italie, avec Georges, Jeanne et leur mère Alice, qui s'est remariée avec un M. Lockroy. Ces deux-là n'arrêtent pas de gronder le vieil homme : « habillez-vous mieux, soyez plus gentil avec les gens... », comme s'il était un enfant.

Mais, en Suisse et en Italie, tout le monde vient voir le grand homme. Il se montre à la fenêtre de son hôtel. La foule est là qui applaudit. Et de sa voix qui tremble un peu, il crie encore : « Vive la République ! »

Victor Hugo revient à Paris. Il se promène dans les rues. On est le 15 mai 1885. Il marche seul, dans ses vêtements de vieil ouvrier. Devant une porte, une fille lui demande :

– Alors grand-père, on se promène. C'est drôle, tu ressembles à Victor Hugo. Je croyais qu'il était mort !

Dans la rue, Hugo a froid. Il rentre chez lui, se couche. Il ne se relèvera pas.

Il meurt le 22 mai, à l'âge de quatre-vingt-trois ans. Autour de lui, il y a son vieil ami Vacquerie, Alice et Lockroy, Georges et Jeanne. Il ferme les yeux en souriant.

---

1. Congestion cérébrale : maladie brutale qui frappe le cerveau.

Quelques jours avant, il a écrit : « Je veux être mis dans la terre comme les pauvres. Mais je ne veux pas que les églises soient là. Je crois en Dieu. »

Tout Paris vient regarder le grand poète mort. Il a l'air de dormir, tranquille, dans sa barbe blanche. Le 31 mai, son cercueil est posé en dessous de l'Arc de triomphe. Le lendemain, le 1er juin, des dizaines de milliers de gens suivent la pauvre voiture qui l'emmène au Panthéon*.

Il y a bien sûr l'Académie française, le Sénat, tous les hommes célèbres du moment. Mais surtout, derrière, il y a le peuple qui marche.

Derrière le cercueil, Auguste Vacquerie pleure. Il tient le bras d'Émile Zola qui ne sait pas que dans vingt ans, le peuple de Paris suivra son propre cercueil, une rose rouge à la main.

– Vous savez quelle a été sa dernière phrase avant de mourir ? dit Vacquerie à Zola. Il a dit : « C'est ici le combat du jour et de la nuit. »

– Oui, répond Zola. Victor Hugo, c'était le jour. Nous, nous devons continuer de l'aider à se battre contre la nuit...

Oh ! demain, c'est la grande chose

Que reste-t-il de Victor Hugo, plus de cent ans après sa mort ? Et qu'aurait-il pensé de ce XXe siècle qu'il voulait heureux ?

Les enfants de cinq ans ne travaillent plus en usine, en France, mais que se passe-t-il ailleurs dans le monde ? La peine de mort n'existe plus dans ce pays, mais combien d'autres régions du monde la pratiquent encore ? Le chêne des États-Unis d'Europe, à Hauteville House, a cent vingt ans, mais on se bat aujourd'hui à l'Est, tandis que le reste de l'Europe a tant de mal à se faire.

Dernière pensée écrite par Victor Hugo deux jours avant sa mort.

> Oh ! demain c'est la grande chose,
> De quoi demain sera-t-il fait ?

écrivait Hugo dans *les Chants du crépuscule*. Le XXe siècle n'a pas été heureux. Toutes les luttes, toutes les colères du prophète de Hauteville House sont encore bonnes aujourd'hui.

Pour le monde entier, Victor Hugo c'est avant tout un grand écrivain. Depuis qu'il a commencé à écrire, les gens l'ont toujours lu et aimé. Pendant sa vie, il a été l'auteur qui a le plus écrit et qui a gagné le plus d'argent avec ses livres. Plus tard, les enfants des écoles ont appris ses poésies. On a fait de nombreux films à partir de ses romans. Des écrivains aussi différents que Mallarmé ou Aragon, sans oublier les surréalistes, ont aimé Hugo. Ils ont dit tout ce que celui-ci leur a donné. Aimé par le peuple et par les poètes, Victor Hugo aura été un écrivain complet.

Mots et expressions

La politique

Assemblée législative, *f.* : endroit où se réunissent les *députés* (voir ce mot) pour voter les lois.

Bonapartiste, *m.* : personne qui veut que Napoléon Bonaparte, ou sa famille continuent de gouverner la France.

Bourgeois(-e) : personne riche qui a du pouvoir dans la société. On appelle aussi bourgeois quelqu'un qui vit trop sagement, sans avoir d'idées neuves. La *bourgeoisie* est l'ensemble des bourgeois.

Colonies, *f. pl.* : pays non européens qui ont été pris, conquis par la France.

Commune de Paris, *f.* : grande révolte des ouvriers parisiens qui voulaient prendre le pouvoir.

Conservateur, *m.* : voir **droite** et **gauche.**

Coup d'État, *m.* : prise du pouvoir politique par la force.

Démocratie, *f.* : pouvoir du peuple. Quand tout le monde peut voter. Pays où règne la liberté

Député, *m.* : personne élue par les habitants d'une région pour faire les lois. Les députés se réunissent à l'Assemblée législative.

Droite et **gauche**, *f.* : opinions politiques. Les députés de droite ne veulent pas de changements dans le pays (conservateurs ou bonapartistes au temps de Victor Hugo) ou veulent revenir en arrière (royalistes ou ultras). À l'Assemblée ils se mettent à la droite du président. La gauche demande plus de changements (libéraux et républicains) ou d'égalité entre les gens (socialistes). elle se place à la gauche du président de l'Assemblée

Élection, *f.* : action grâce à laquelle les habitants d'un pays peuvent choisir *(élire)* les députés qui feront les lois.

Laïque, obligatoire et gratuite (école), *f.* : on ne doit pas enseigner à l'école des idées religieuses, politiques ou philosophiques, afin de respecter les idées de chacun *(laïque)*. Tous les enfants doivent aller à l'école *(obligatoire)*, et les parents n'ont rien à payer pour mettre leur enfant à l'école *(gratuite)*.

Légion d'honneur, *f.* : décoration créée par Napoléon Ier pour honorer les personnes que le gouvernement veut remercier.

Libéral, *m.* : personne qui veut plus de liberté dans tous les domaines.

Noble, *m.* : qui appartient à une grande et vieille famille. Les nobles avaient reçu du roi beaucoup d'avantages. L'ensemble des nobles forment *la noblesse*. Supprimée par la Révolution, elle a été remise en place par Napoléon. Ainsi, le père de Hugo a été nommé « comte », sa femme « comtesse » et son fils « vicomte ». Autres nobles : duc (duchesse), marquis (marquise), baron (baronne).

Noblesse, *f.* : voir **noble**.

Officier, *m.* : personne qui commande dans l'armée (le plus important est le général, puis viennent le commandant, le lieutenant, etc.).

Pair de France, *m.* : personne nommée par le roi pour faire des lois.

Peine de mort, *f.* : action de la justice qui condamne à mort une personne coupable.

Progrès, *m.* : idée qui dit que les choses vont aller de mieux en mieux pour l'humanité.

Proscrit, *m.* : personne chassée de son pays pour des raisons politiques.

Républicain, *m.* : personne qui veut un État gouverné par des gens élus (la République) et non pas un roi ou un empereur.

Révolution, *f.* : changement complet et brutal, dans un pays.

Royaliste, *m.* : personne qui veut un roi à la tête de la France.

Sénateur, *m.* : personne choisie et nommée par des gens déjà élus. Les sénateurs se réunissent au Sénat pour voter les lois.

Socialiste, *m.* : personne qui veut plus d'égalité entre les pauvres et les riches.

Ultra, *m.* : royaliste (voir ce mot) qui veut que tout redevienne comme si la Révolution française n'avait pas eu lieu.

Vendée, *f.* : les gens de la Vendée, dans l'Ouest, pendant la Révolution, défendaient le roi de France et se battaient contre la République.

La littérature

Académie française, *f.* : endroit où sont réunis quarante écrivains ou hommes importants élus par les autres académiciens.

Antilles, *f. pl.* : nombreuses îles dans l'océan Atlantique à l'est des États-Unis.

Boulevard du Crime, *m.* : grande rue de Paris (entre la place de la Bastille et la place de la République) où on jouait des pièces de théâtre pleines de crimes et d'assassins.

Censure, *f.* : action du gouvernement, qui autorise ou refuse qu'on publie une œuvre littéraire.

Classiques, *m. pl.* : école littéraire du XIXe siècle qui défendait les écrivains du temps passé.

Critique, *f.* : journaliste qui dit du bien ou du mal d'un livre.

Drame, *m.* : pièce de théâtre qui se termine mal.

Épique, *adj.* : voir **épopée**.

Épopée, *f.* : texte qui raconte les débuts de l'histoire vraie ou fausse d'un pays. Adj. : *épique*.

Essai, *m.* : texte qui parle surtout de la littérature, mais aussi de la politique.

Lyrisme, *m.* : qualité d'un texte qui donne beaucoup d'émotion.

Mélodrame, *f.* : pièce de théâtre qui raconte des histoires très tristes et très violentes.

Moyen Âge, *m.* : période de l'histoire de l'Europe qui va de la chute de l'Empire romain (476) à la découverte de l'Amérique (1492).

Panthéon, *m.* : monument de Paris où sont enterrés les morts célèbres (les grands hommes).

Philosophie, *f.* : science qui développe les grandes idées sur l'homme et sur l'univers.

Poésie, *f.*, **poème**, *m.* : texte où comptent beaucoup la musique des mots et la beauté des images.

Poète, *m.* : personne qui écrit des poésies.

Préface, *f.* : texte au début d'un livre pour expliquer ce livre.

Publier : fabriquer un livre et le mettre en vente.

Raison, *f.* : idée défendue par les écrivains du XVIIIe siècle. Toutes les choses doivent être expliquées par la science.

Romantisme, *m.* : école littéraire née en Allemagne avec Goethe, en France avec Chateaubriand.

Théâtre-Français, *m.* : ancien nom de la Comédie-Française, théâtre payé par l'État. Existe depuis 1680.

Vaudeville, *m.* : pièce de théâtre drôle.

Vers, *m.* : chaque ligne d'un poème.

COLLECTION LECTURE FACILE

MIDDLE SCHOOL LIBRARY
Charles Wright Academy
7723 Chambers Creek Road
Tacoma, Washington 98467

	DATE DUE		

440
BIL

MS

Billardiere, Jacques.

Victor Hugo